# 1 Brot – 50 Aufstriche

## hier gibt's was drauf

> Autorin: Cornelia Schinharl | Fotos: Kai Mewes

# Inhalt

## Die Theorie

## Die Rezepte

## Extra

➤ **GU Serviceseiten**

## *Immer gut drauf*

Knusprig frisches Brot und ein feiner Belag darauf – oft braucht es gar nicht mehr, um zufrieden zu sein! Brot gibt's in großer Auswahl beim Bäcker und mit ganz geringem Aufwand und wenigen Zutaten lassen sich die köstlichsten Aufstriche zaubern – mit Quark, Käse oder Gemüse, mit Fisch, Fleisch und etlichem mehr. Um damit das Frühstück zu verfeinern, den Pausensnack oder ein gemütliches Abendessen zuzubereiten oder auch einmal den Picknickkorb zu bereichern. Lassen Sie es sich schmecken!

# Worauf es ankommt

**2** *Aufstriche zum Aufbewahren immer gut ab-
decken und kühl stellen.*

## 1 | Die Konsistenz

Cremig soll ein Brotaufstrich sein und schön streichbar. Dabei aber nicht so weich, dass er vom Brot oder Brötchen läuft. Bei Mischungen mit Butter ist es deshalb wichtig, dass man keine heißen Zutaten mit ihr mischt, weil sie sonst schmilzt. Oder aber man muss den Aufstrich nach dem Rühren so lange kühlen, bis die Butter wieder fest wird. Auch Frischkäse kann flüssiger werden, wenn beispielsweise heißes Gemüsepüree untergemischt wird. Also die Zutaten vorm Vermengen besser immer erst abkühlen lassen.

**1** *Nur wenn die Aufstriche die richtige Konsistenz haben, schmecken sie.*

## 2 | Aufbewahren und frisch halten

Aufstriche mit sehr vielen frischen Kräutern oder auch mit rohen Zwiebeln schmecken am besten am Tag der Zubereitung, die meisten anderen kann man aber mindestens einen oder sogar mehrere Tage aufbewahren. Die Aufstriche dafür in verschließbare Plastikdosen füllen oder in der Schüssel mit Klarsichtfolie abdecken und in den Kühlschrank stellen. Bei manchen Aufstrichen setzt sich beim Aufheben etwas Flüssigkeit ab. Diese einfach vor dem Servieren noch einmal gründlich unterrühren. Und: Aufstriche schmecken noch besser, wenn man sie mindestens 30 Minuten vor dem Essen aus dem Kühlschrank holt und Zimmertemperatur annehmen lässt. Sie haben dann einfach mehr Aroma.

## 3 | Das richtige Brot

Ein ganz feiner und delikater Aufstrich schmeckt auch am besten auf feinem Brot, ein deftiger hingegen kommt auf kräftigem Vollkornbrot noch besser zur Geltung. Damit die Wahl für Sie einfacher wird, steht bei jedem Rezept ein Hinweis, welches Brot uns am besten dazu geschmeckt hat. Natürlich können Sie die Unterlage für den Aufstrich ganz nach Ihren Vorlieben abwandeln.

## 4 | Butter braucht man nicht

Wer möchte, kann sich Brot oder Brötchen natürlich mit Butter bestreichen, bevor er den Aufstrich darauf verteilt. Nötig ist das aber nicht, denn fast alle Aufstriche sind so geschmack- und gehaltvoll, dass sie die Butter oder Margarine darunter schlicht unnötig machen.

# Pikante Quarkmischungen

### Ajvarquark

1 Bund Schnittlauch waschen, trocken- schütteln und in feine Röllchen schneiden. 250 g Quark mit 50 g Sahne und 1 1/2 EL scharfem oder mildem Ajvar (Paprikapaste) verrühren. Den Schnitt- lauch untermischen und den Quark mit Salz und 1 Prise Zucker abschmecken.

**Ersatz für das Ajvar:**
1/4–1/2 eingelegte oder gegrillte Paprika fein hacken und mit 1/2 TL rosenscharfem Paprikapulver mischen.

### Olivenquark

Die Blättchen von eini- gen Stängeln Basilikum abzupfen und in Streifen schneiden. 250 g Quark mit 3 EL Milch, 1 1/2 EL schwarzer oder grüner Olivenpaste (aus dem Glas) und 1 TL Tomaten- mark verrühren. Basili- kum untermischen und den Quark mit Salz ab- schmecken.

**Ersatz für die Oliven- paste:** 1 EL grüne, mit Paprika gefüllte Oliven und 1 Peperoni (aus dem Glas) fein hacken.

### Senfquark

200 g Quark mit 50 g saurer und 4 EL süßer Sahne sowie je 1 EL süßem und scharfem Senf verrühren. Den Quark mit Salz und Pfeffer abschmecken.

**Ersatz für den Senf:**
beide Senfsorten durch 1 EL frisch geriebenen Meerrettich ersetzen, den Quark mit wenig Honig abrunden.

### Kümmelquark

1 EL Kümmelsamen fein hacken, 1 kleine Zwiebel schälen und sehr fein würfeln. 1/2 Bund Schnittlauch waschen, trockenschütteln und in Röllchen schneiden. 250 g Quark mit 2 EL Sahne, Kümmel, Zwiebel und Schnittlauch ver- rühren. Mit Salz und Pfeffer abschmecken.

**Ersatz für die Kümmel- samen:** 1–2 TL gemahle- nen Kümmel verwenden.

# Grundrezept

## Frisch aus dem Ofen

Was gibt es besseres als knusprig frisches Brot, vielleicht sogar noch leicht warm, das die ganze Wohnung mit einem feinen Duft erfüllt. Mit selbst gemachten Brotaufstrichen eine Kombination, die einfach nicht zu übertreffen ist. Übrigens: Brot gelingt noch besser, wenn man beim Backen eine hitzebeständige Tasse mit Wasser auf den Ofenboden stellt und zudem etwas Wasser in den Ofen spritzt.

## Baguette

FÜR 2 BROTSTANGEN

➤ 50 g Weizenvollkornmehl
  600 g helles Weizenmehl
  1 EL Salz
  1/2 Würfel Hefe (21 g)
  1 TL Zucker

**TIPP**

### Vollkornbrot

1 kg Weizenvollkornmehl (oder 600 g davon und 400 g anderes gemahlenes Getreide) kräftig salzen. 1 Würfel Hefe (42 g) mit 600 ml Wasser und 1 Päckchen Sauerteig (150 g) darunter kneten. 1–2 Std. gehen lassen. Bei 200° (Umluft 180°) 1 Std. backen.

**1** Am Vorabend das Vollkornmehl mit 50 ml Wasser verrühren. Mit Folie abgedeckt 24 Std. bei Zimmertemperatur stehen lassen.

**2** Dann mit dem hellen Mehl und Salz mischen. Die Hefe zerkrümeln und mit 300 ml lauwarmem Wasser und dem Zucker verrühren. Zum Mehl geben, gut verkneten.

**3** Teig zugedeckt 30 Min. an einem warmen Ort gehen lassen. Halbieren und nochmals 15 Min. gehen lassen. Jede Hälfte zu einer Rolle in Länge des Blechs formen.

**4** Rollen flach drücken u[n] längs einmal zusamme[n] klappen. Auf Backpap[ier] 1 Std. gehen lassen. A[m?] 5 cm schräg einritzen, bei 220° (Umluft 200°) 30 Min. knusprig backe[n]

# Würzige Buttermischungen

**Kräuter-Knoblauch-Butter:** 1 Bund gemischte Kräuter (z. B. Petersilie, Schnittlauch, Basilikum, Oregano und Borretsch) waschen, trockenschütteln und sehr fein hacken. 125 g weiche Butter cremig rühren, 2 Knoblauchzehen schälen und dazupressen. Kräuter gut untermischen und die Butter mit Salz, Pfeffer und etwas abgeriebener unbehandelter Zitronenschale abschmecken. Ersatz für die gemischten Kräuter: nur ein einziges Kraut verwenden, z. B. 1 Bund Rucola.

**Tomatenbutter:** 1 Schalotte schälen und mit 2 in Öl eingelegten Sardellenfilets sehr fein hacken. 1/4 Bund Petersilie waschen und trockenschütteln, ebenfalls fein hacken. 100 g weiche Butter cremig rühren, 1 EL passierte Tomaten (aus der Packung, ungewürzt) mit der Petersilie, der Schalotte und den Sardellen untermischen. Die Butter mit Salz und Pfeffer abschmecken. Ersatz für die passierten Tomaten: 1 vollreife Tomate überbrühen, häuten und pürieren.

**Currybutter:** 1/2 EL Mango-Chutney (aus dem Glas) und 1 kleine Gewürzgurke sehr fein hacken. 125 g weiche Butter cremig rühren und mit dem Chutney, der Gurke und 1 TL scharfem Currypulver mischen. Die Butter mit Salz abschmecken. Ersatz für das Chutney und die Gewürzgurke: 1 Schnitz frische Mango und 1 kleines Stück Salatgurke schälen und sehr klein würfeln.

**Lachs-Senf-Butter:** 1 hart gekochtes Ei schälen, das Eiweiß abtrennen und mit 2 Scheiben Räucherlachs sehr fein hacken. Das Eigelb zerdrücken. 100 g weiche Butter cremig rühren und mit dem Eigelb und 2 TL scharfem Senf vermengen. Die Eiweiß-Lachs-Mischung untermischen und die Butter mit Salz, Pfeffer und etwas fein geriebener unbehandelter Zitronenschale abschmecken. Ersatz für den Räucherlachs: 50 g Nordseekrabben, 6 Sardellenfilets oder 50 g gekochter oder roher Schinken.

# Mit Frucht und Schokolade

Es muss nicht immer Konfitüre sein, wenn man sich Brot oder Brötchen mit einem süßen Belag schmecken lassen möchte. Ob aus zarter Schokolade, aromatischen Früchten, cremigem Quark oder sogar einmal feinem Marzipan – die Abwechslung am Frühstückstisch ist mit den Aufstrichen aus diesem Kapitel garantiert. Und diese Brotbeläge passen auch ausgezeichnet zu Kaffee und Tee, zum Beispiel auf knusprigem Toastbrot.

# Blitzrezepte

## Sanddornquark

FÜR 4 PERSONEN

➤ 30 g Vollmilch- oder Zartbitterschokolade │ 250 g Quark │ 3 EL Sanddornaufstrich (aus dem Reformhaus, ersatzweise Hagebuttenmus)

1│ Die Schokolade in Stücke brechen und
sehr fein hacken. Den Quark mit dem
Sanddornaufstrich verrühren, die Schokolade untermischen.

➤ Unterlage: Sonnenblumenbrot,
Vollkornbrot oder Brötchen
➤ Deko: Schokospäne

## Zitronen-Zimt-Creme

FÜR 4 PERSONEN

➤ 1 unbehandelte Zitrone │ 1 EL Pista-
zienkerne │ 150 g Doppelrahm-Frischkäse │ 70 g saure Sahne │ 1/2 TL Zimtpulver │ 2 Päckchen Vanillezucker

1│ Die Zitrone heiß waschen und die
Schale fein abreiben. Zitrone halbieren
und eine Hälfte auspressen. Die Pistazien-
kerne fein hacken.

2│ Den Frischkäse mit der sauren Sahne,
dem Zimt und dem Vanillezucker gut verrühren. Zitronenschale, 2 TL Zitronensaft
und die Pistazien untermischen.

➤ Unterlage: Dinkelbrötchen oder
Croissants
➤ Deko: feine Zitronenschalenstreifen

### schnell | exotisch
# Bananencreme

FÜR 4 PERSONEN

➤ 1 unbehandelte Limette
  1 Stück frischer Ingwer
  (etwa 1 cm)
  2 Bananen (etwa 300 g)
  2 EL fester Honig
  1 Prise gemahlene Nelken

🕐 Zubereitung: 10 Min.
🕐 Haltbarkeit: 1/2 Tag
➤ Pro Portion ca.: 45 kcal

1 | Die Limette heiß waschen und die Schale fein abreiben, den Saft auspressen. Den Ingwer schälen und fein reiben oder durch die Knoblauchpresse drücken.

2 | Die Bananen schälen, in grobe Stücke schneiden und mit Limettensaft und Honig mit dem Pürierstab pürieren. Püree mit Limettenschale, Ingwer und Nelkenpulver abschmecken.

➤ Unterlage: Weißbrot, Dinkelbrötchen oder helles Knäckebrot
➤ Deko: Filets und feine Schalenstreifen von einer Limette

### Klassiker | gelingt leicht
# Schokoladencreme

FÜR 4 PERSONEN

➤ 50 g Zartbitterschokolade
  50 g Vollmilchschokolade
  1 Vanilleschote
  100 ml Milch
  50 g fein geriebene Haselnüsse (ersatzweise Mandeln)
  1 EL Kakaopulver
  1 EL Butter
  2 Päckchen Bourbon-Vanillezucker
  1 Prise Zimtpulver
  1 winzige Prise Salz

🕐 Zubereitung: 10 Min.
🕐 Haltbarkeit: 2–3 Wochen
➤ Pro Portion ca.: 275 kcal

1 | Beide Schokoladensorten in kleine Stücke brechen. Die Vanilleschote der Länge nach aufschlitzen und das Mark mit dem Messerrücken herauskratzen.

2 | Schokolade mit Vanillemark und der Milch in einen kleinen Topf geben und unter Rühren bei schwacher Hitze erwärmen, bis die Schokolade geschmolzen ist.

3 | Die Nüsse, das Kakaopulver, die Butter in kleinen Stücken und den Vanillezucker mit dem Zimtpulver und dem Salz dazugeben und alles gründlich mischen.

4 | Die Schokoladencreme in ein Glas mit Schraubverschluss füllen und abkühlen lassen.

➤ Unterlage: knusprige helle Brötchen oder Toastbrot
➤ Deko: Schokospäne

**TIPP** Wenn Sie die Schokoladencreme nur für Erwachsene zubereiten, können Sie 1–2 EL der Milch durch Rum, Vin santo oder Marsala ersetzen. Ebenfalls köstlich: die Creme mit 1 Prise Cayennepfeffer würzen.

fruchtig | gelingt leicht

# Erdbeerquark mit Minze

FÜR 4 PERSONEN

➤ **200 g vollreife Erdbeeren**
**3 EL Zucker**
**1/2 Bund Minze**
**1/2 unbehandelte Zitrone**
**250 g Quark**
**50 g Sahne**
**1 EL Ahornsirup**
**(ersatzweise Honig)**

⏱ Zubereitung: 15 Min.
⏱ Haltbarkeit: 1/2 Tag
➤ Pro Portion ca.: 155 kcal

1 | Die Erdbeeren waschen, putzen und klein würfeln. Zwei Drittel davon mit einer Gabel zusammen mit dem Zucker fein zerdrücken.

2 | Die Minze waschen und trockenschütteln, die Blättchen abzupfen und fein hacken. Zitronenhälfte heiß waschen, ein Stück Schale abschneiden und fein hacken.

3 | Den Quark mit Sahne, zerdrückten und gewürfelten Erdbeeren, Minze und Zitronenschale gut verrühren.

4 | Den Quark in ein Schälchen füllen. Den Ahornsirup darüber träufeln.

➤ Unterlage: Dinkelbrötchen oder Baguette
➤ Deko: Minzeblättchen und kleine halbierte Erdbeeren

raffiniert | leicht scharf

# Aprikosen-aufstrich

FÜR 4 PERSONEN

➤ **200 g getrocknete Aprikosen**
**1 kleine getrocknete Chilischote**
**4 EL Süßwein (z. B. Sherry, Vin santo oder Marsala) nach Belieben**
**4 EL Zucker**
**1/2 unbehandelte Zitrone**
**100 g Sahne**
**1 kräftige Prise Zimtpulver**

⏱ Zubereitung: 20 Min.
⏱ Quellzeit: 2 Std.
⏱ Haltbarkeit: 5 – 6 Tage
➤ Pro Portion ca.: 255 kcal

1 | Die Aprikosen in kleine Würfel schneiden und in einen Topf geben. Die Chilischote mit dem Alkohol nach Belieben, dem Zucker und 150 ml Wasser dazugeben und zum Kochen bringen. Offen etwa 5 Min. bei mittlerer Hitze köcheln lassen, dann mindestens 2 Std. auf der abgeschalteten Herdplatte ziehen lassen.

2 | Die Zitronenhälfte heiß waschen und die Schale möglichst fein abreiben. Etwas Saft auspressen.

3 | Die Aprikosen mit der Garflüssigkeit und der Sahne mit dem Pürierstab fein pürieren. Mit der Zitronenschale und dem Zimtpulver abschmecken. Eventuell etwas Zitronensaft dazugeben.

➤ Unterlage: Weißbrot, Brötchen oder Knäckebrot
➤ Deko: frische rote Chilischoten und gewürfelte, getrocknete Aprikosen

**TIPP** Statt Aprikosen schmecken auch getrocknete Pflaumen, die auf diese Art zubereitet wurden.

*im Bild hinten:* **Erdbeerquark mit Minze** *im Bild vorne:* **Aprikosenaufstrich** ➤

leicht scharf | preiswert

# Apfel-Curry-Creme

FÜR 4 PERSONEN

➤ 1 säuerlicher Apfel (etwa 230 g)

1 EL Zitronensaft

50 ml Apfelsaft (am besten naturtrüb)

2 TL Currypulver

50 g weiche Butter

100 g Doppelrahm-Frischkäse

2 EL Apfeldicksaft (ersatzweise Honig)

⏱ Zubereitung: 30 Min.

⏱ Haltbarkeit: 5–6 Tage

➤ Pro Portion ca.: 215 kcal

1 | Den Apfel vierteln, schälen und vom Kerngehäuse befreien. Apfel klein würfeln und mit dem Zitronensaft, dem Apfelsaft und dem Currypulver in einen Topf geben. Zum Kochen bringen und zugedeckt bei schwacher Hitze etwa 10 Min. garen, bis die Apfelwürfel weich sind. Abkühlen lassen.

2 | Den Apfel mit der verbliebenen Garflüssigkeit und der Butter mit dem Pürierstab

fein pürieren. Mit dem Frischkäse und dem Apfeldicksaft gut mischen.

➤ Unterlage: Toastbrot, Knäckebrot oder Körnerbrötchen

➤ Deko: Schnittlauch, Kresse

gelingt leicht
für Festtage

# Marzipan-Orangen-Creme

FÜR 4 PERSONEN

➤ 3 Blutorangen

1 EL Pinienkerne

2 EL Zucker

100 g Marzipanrohmasse

50 g Sahne

⏱ Zubereitung: 25 Min.

⏱ Haltbarkeit: 3–4 Tage

➤ Pro Portion ca.: 220 kcal

1 | 1 Orange schälen und in kleine Würfel schneiden, dabei die Kerne und die weiße Haut entfernen. Die übrigen Orangen auspressen. Die Pinienkerne grob hacken.

2 | Den Zucker in einem Topf bei mittlerer Hitze schmelzen lassen. Die Pinienkerne dazu-

geben und gut untermischen. Den Orangensaft aufgießen und weiterrühren, bis sich der Zucker wieder gelöst hat. Dann den Saft in etwa 10 Min. sirupartig einkochen lassen. Abkühlen lassen.

3 | Das Marzipan in kleine Würfel schneiden und mit der Sahne und den Orangenwürfeln mit dem Pürierstab pürieren. Den Orangensirup sorgfältig unterheben.

➤ Unterlage: Croissants oder Milchbrötchen

➤ Deko: Orangenstückchen und Pinienkerne

**TIPP**

Currypulver ist je nach Zusammensetzung unterschiedlich scharf. Würzen Sie den Apfel-Curry-Aufstrich deshalb zunächst wirklich nur mit 2 TL davon und geben später nach Bedarf noch mehr dazu. Wer den Aufstrich nicht süß, sondern pikant zubereiten möchte, kann ihn mit nur 1 TL Dicksaft und zusätzlich etwas gehacktem grünem Pfeffer (frisch oder aus dem Glas) würzen.

*im Bild links:* **Apfel-Curry-Creme**    *im Bild rechts:* **Marzipan-Orangen-Creme** ➤

arabisch | für Gäste

# Dattelpaste

FÜR 4 PERSONEN

➤ **400 g frische Datteln**
  **70 g Cashewnusskerne**
  **50 g Honig**
  **2 EL Zitronensaft**
  **1/8 l Fruchtsaft (frisch gepresster Orangensaft oder naturtrüber Apfelsaft)**
  **1 Prise gemahlene Nelken**

🕐 Zubereitung: 30 Min.
🕐 Haltbarkeit: 1 Woche
➤ Pro Portion ca.: 395 kcal

**1** | Die Datteln längs aufschneiden, aufklappen und die Steine entfernen. Datteln in kleine Würfel schneiden. Die Nusskerne mit einem großen schweren Messer fein hacken.

**2** | Datteln und Nüsse mit dem Honig, dem Zitronensaft, dem Fruchtsaft und dem Nelkenpulver in den Mixer oder die Küchenmaschine geben und fein zerkleinern. Die Masse soll schön cremig werden, es können aber noch kleine Dattelstückchen darin

sichtbar sein. Die Paste zum Aufbewahren in ein Schraubglas füllen.

➤ Unterlage: helle Brötchen, Milchbrötchen oder Croissants
➤ Deko: geviertelte oder halbierte Datteln und Cashewnusskerne

fruchtig | macht was her

# Avocado-Mango-Creme

FÜR 4 PERSONEN

➤ **1 Avocado (220 g)**
  **1 Mango (300 g)**
  **1/2 unbehandelte Zitrone**
  **1 Vanilleschote**
  **2 EL Zucker**
  **50 g Naturjoghurt**
  **50 g saure Sahne**

🕐 Zubereitung: 15 Min.
🕐 Haltbarkeit: 1/2 Tag
➤ Pro Portion ca.: 180 kcal

**1** | Die Avocado rundherum bis zum Kern einschneiden. Die Hälften auseinander drehen, den Kern entfernen und die Hälften schälen. Ein kleines Stück Fruchtfleisch abschneiden und beiseite

legen, den Rest grob würfeln. Die Mango schälen, das Fruchtfleisch vom Kern schneiden und ebenfalls ein Stück zur Seite legen.

**2** | Die Zitronenhälfte heiß waschen und die Schale fein abreiben, den Saft auspressen. Die Vanilleschote der Länge nach aufschlitzen und das Mark mit dem Messerrücken herauskratzen.

**3** | Avocado- und Mangowürfel mit Zitronensaft, Vanillemark, dem Zucker, dem Joghurt und der sauren Sahne mit dem Pürierstab fein pürieren.

**4** | Das beiseite gelegte Avocado- und Mangostück in kleine Würfel schneiden und unter die Creme mischen.

➤ Unterlage: Butterhörnchen oder Weizenbrötchen
➤ Deko: Melisseblättchen, Röschen aus Mangofruchtfleisch, Granatapfelkerne

*im Bild links:* **Avocado-Mango-Creme**   *im Bild rechts:* **Dattelpaste** ➤

# Mit Quark, Käse & Co.

Herrlich cremig, saftig und würzig werden Aufstriche mit Quark, saurer Sahne, verschiedenen Käsesorten und Eiern. Ob mit Gemüse, Kräutern oder anderen Zutaten gemischt, die Beläge in diesem Kapitel sind zusammen mit Brot eine kleine Mahlzeit – perfekt ergänzt durch ein paar Radieschen, Tomaten oder Gurken. Und wer diese Aufstriche in den Mittelpunkt stellen will, serviert auch einmal Pellkartoffeln dazu statt Brot.

# Blitzrezepte

## Radieschenfrischkäse

FÜR 4 PERSONEN

➤ 1 kleines Bund Radieschen (ca. 150 g) Salz │ 150 g Doppelrahm-Frischkäse 50 g Naturjoghurt │ Pfeffer, frisch gemahlen

1 │ Die Radieschen waschen, putzen und sehr klein würfeln. Die Radieschenwürfel in eine Schüssel geben, salzen und 10 Min. stehen lassen, dann den sich gebildeten Saft abgießen.

2 │ Den Frischkäse mit dem Joghurt und den Radieschen mischen und mit Salz und Pfeffer abschmecken.

➤ Unterlage: Vollkornbrot
➤ Deko: Radieschenscheiben

## Roquefortcreme

FÜR 4 PERSONEN

➤ 1 kleine Tomate │ 6 Walnusskerne 150 g Roquefort │ 100 g saure Sahne 1 TL Nussöl (z. B. Walnussöl) │ Pfeffer, frisch gemahlen │ eventuell Salz

1 │ Die Tomate waschen und sehr klein würfeln, dabei den Stielansatz entfernen. Die Walnusskerne fein zerkrümeln.

2 │ Den Roquefort würfeln und mit der sauren Sahne mit der Gabel zerdrücken. Tomate, Nüsse und Nussöl untermischen und den Aufstrich mit Pfeffer und eventuell ganz wenig Salz abschmecken.

➤ Unterlage: Baguette
➤ Deko: Walnusskerne

### Klassiker | herzhaft

# Liptauer

FÜR 4 PERSONEN

➤ 100 g Schafkäse (Feta)

1 Zwiebel

2 TL Kapern

1 Sardellenfilet in Öl

40 g weiche Butter

150 g Quark

50 g saure Sahne
(ersatzweise süße Sahne)

1 TL edelsüßes
Paprikapulver

Salz

🕐 Zubereitung: 15 Min.

🕐 Haltbarkeit: 1–2 Tage

➤ Pro Portion ca.: 190 kcal

1 | Den Schafkäse zerkrümeln und mit der Gabel so fein wie möglich zerdrücken. Die Zwiebel schälen und mit den Kapern und dem Sardellenfilet sehr fein hacken.

2 | Die Butter mit der Gabel leicht cremig drücken, dann gründlich mit dem Schafkäse, dem Quark und der sauren Sahne verrühren.

3 | Zwiebel, Kapern und Sardellenfilet untermischen. Den Liptauer mit Paprikapulver und Salz würzig-pikant abschmecken.

➤ Unterlage: kräftiges Bauernbrot, Brezen oder dunkle Brötchen

➤ Deko: Paprikapulver, Zwiebelringe, Kapern

### Spezialität aus Bayern | würzig

# Obatzda

FÜR 4 PERSONEN

➤ 1 kleine Zwiebel

1/2 Bund Schnittlauch

300 g weicher Camembert

50 g weiche Butter

4 EL helles Bier (ersatzweise Gemüsebrühe)

1 EL edelsüßes Paprikapulver

eventuell Salz

🕐 Zubereitung: 30 Min.

🕐 Haltbarkeit: 1–2 Tage

➤ Pro Portion ca.: 310 kcal

1 | Die Zwiebel schälen und sehr fein hacken. Schnittlauch waschen, trockenschütteln, in feine Röllchen schneiden.

2 | Den Camembert vierteln und die Rinde sehr dünn abschneiden. Das weiche Innere mit der Butter und dem Bier in eine Schüssel geben und mit einer Gabel fein zerdrücken.

3 | Die Zwiebel und das Paprikapulver gründlich untermischen. Den Obatzdn abschmecken und eventuell leicht salzen. In ein Schälchen füllen und mit dem Schnittlauch bestreuen.

➤ Unterlage: knusprige Brezen

➤ Deko: statt oder zu den Schnittlauchröllchen, Zwiebelringe, Salzstangen

**TIPP**

Rohe Zwiebeln würzen ziemlich kräftig. Deswegen ist es wichtig, dass man sie wirklich fein schneidet, damit sie sich harmonisch mit den Aufstrichen verbinden und nicht zu dominant schmecken. Besonders gut gelingt das mit einem speziellen Zwiebelhacker, den man in jedem Haushaltswarengeschäft kaufen kann.

fürs Büfett | mediterran

# Tomaten-Käse-Creme

FÜR 4 PERSONEN

➤ 200 g Tomaten
  1 Zweig Rosmarin
  4 Zweige Thymian
  1/4 Bund Petersilie
  2 Knoblauchzehen
  4 EL Olivenöl | Salz
  Pfeffer, frisch gemahlen
  80 g Parmesan

🕐 Zubereitung: 30 Min.
🕐 Haltbarkeit: 2–3 Tage
➤ Pro Portion ca.: 170 kcal

1 | Backofengrill (oder den Ofen mit 250°, Umluft 230°) vorheizen. Tomaten waschen, halbieren, mit den Schnittflächen nach oben in eine hitzebeständige Form legen.

2 | Die Kräuter waschen und trockenschütteln, die Nadeln oder Blättchen fein hacken. Knoblauch schälen und durch die Presse zu den Kräutern drücken. 2 EL Öl, Salz und Pfeffer dazugeben. Die Masse auf den Tomaten verteilen. Im Ofen (Mitte) etwa 8 Min. grillen, abkühlen lassen.

3 | Inzwischen den Parmesan fein reiben. Tomatenfleisch samt der Kräuter-Knoblauch-Haube aus den Häuten löffeln und mit dem übrigen Öl mit dem Pürierstab fein pürieren. Mit dem Parmesan mischen und vorsichtig mit Salz und Pfeffer abschmecken.

➤ Unterlage: italienisches Weißbrot, eventuell geröstet
➤ Deko: Rosmarinnadeln und Parmesanspäne

herzhaft | schnell

# Schafkäse-creme

FÜR 4 PERSONEN

➤ 200 g Schafkäse (Feta)
  200 g Naturjoghurt
  1 EL grüne Oliven
  1 EL schwarze Oliven
  1/2 Bund Petersilie (ersatzweise Dill)
  3 eingelegte Peperoni
  2 TL kalt gepresstes Olivenöl
  Salz

🕐 Zubereitung: 20 Min.
🕐 Haltbarkeit: 1 Woche
➤ Pro Portion ca.: 145 kcal

1 | Den Schafkäse leicht zerkrümeln und mit dem Joghurt mit dem Pürierstab grob pürieren. Die Masse soll nicht zu cremig werden.

2 | Die Oliven entsteinen und schön fein hacken. Die Petersilie waschen, trockenschütteln und die Blättchen ebenfalls fein hacken. Die Peperoni vom Stielansatz befreien und fein zerkleinern.

3 | Alle zerkleinerten Zutaten mit dem Olivenöl unter die Schafkäsecreme rühren und vorsichtig mit Salz würzen.

➤ Unterlage: Fladenbrot mit Sesam, Tomaten und Gurkenscheiben
➤ Deko: Petersilienblättchen

**TIPP**
Alle Cremes mit würzigem Käse (z. B. Schafkäse oder Parmesan) vorsichtig salzen, da dieser meist schon ziemlich salzig ist.

exotisch | schnell

# Ingwer-Kresse-Aufstrich

FÜR 4 PERSONEN

➤ 1 Stück frischer Ingwer
(etwa 2 cm lang)

1 kleine Möhre (etwa 50 g)

1 Kästchen Gartenkresse

100 g Doppelrahm-Frischkäse

150 g körniger Frischkäse

Salz

Pfeffer, frisch gemahlen

1 Prise Zucker

🕐 Zubereitung: 15 Min.

🕐 Haltbarkeit: 3–4 Tage

➤ Pro Portion ca.: 110 kcal

1 | Den Ingwer und die Möhre schälen und auf der Rohkostreibe fein reiben. Die Kresse vom Beet schneiden.

2 | Beide Frischkäsesorten miteinander verrühren. Ingwer, Möhre und Kresse untermischen. Aufstrich mit Salz, Pfeffer und Zucker würzen.

➤ Unterlage: Sonnenblumenkernbrot, helle Brötchen oder Sesamfladen

➤ Deko: Kresse und feine Möhrenstreifen

schnell | Klassiker

# Kräuterquark

FÜR 4 PERSONEN

➤ 1/2 Bund Basilikum

1/2 Bund Petersilie

1/2 Bund Dill

1/2 Bund Zitronenmelisse

2 Knoblauchzehen nach Belieben

250 g Quark

100 g saure Sahne

1 TL scharfer Senf

2 TL Leinöl (ersatzweise Kürbis-, Distel- oder Olivenöl)

Salz

Pfeffer, frisch gemahlen

🕐 Zubereitung: 15 Min.

🕐 Haltbarkeit: 1 Tag

➤ Pro Portion ca.: 115 kcal

1 | Das Basilikum nicht waschen, nur die Blättchen von den Stängeln abzupfen. Übrige Kräuter waschen, trockenschütteln und die Blättchen abzupfen. Alle Kräuter sehr fein hacken.

2 | Nach Belieben den Knoblauch schälen und durch die Presse drücken oder mit dem Messer fein hacken.

3 | Den Quark mit der sauren Sahne, dem Senf und dem Öl verrühren. Die Kräuter und eventuell den Knoblauch untermischen und den Quark mit Salz und Pfeffer pikant abschmecken.

➤ Unterlage: Walnussbrot, Kürbiskernbrot oder Dinkelbrot; oder auch Pellkartoffeln (dann reicht die Menge aber nur für zwei Leute) dazu reichen

➤ Deko: Kräuterblättchen

## TIPPS

Den Kräuterquark sollte man zwar am Tag der Zubereitung essen, es bekommt ihm aber sehr gut, wenn man ihn vor dem Servieren 1–2 Stunden durchziehen lässt.

Und: Statt der angegebenen Kräuter kann man auch nur Rucola, nur Bärlauch oder eine Mischung aus Bärlauch, Schnittlauch und Petersilie nehmen.

*im Bild hinten:* **Ingwer-Kress-Aufstrich** *im Bild vorne:* **Kräuterquark** ➤

**preiswert
gelingt leicht**

# Rote-Bete-Creme mit Dill

FÜR 4 PERSONEN

➤ 1 Rote Bete (etwa 250 g)
Salz
1 kleine Zwiebel
1 Bund Dill
150 g Schmand (ersatzweise Crème fraîche und saure Sahne gemischt)
1 TL Zitronensaft
1 TL Honig
1 Knoblauchzehe
Pfeffer, frisch gemahlen
1 Prise gemahlener Kümmel

🕐 Zubereitung: 20 Min.
🕐 Garzeit: 45 Min.
🕐 Hatbarkeit: 3–4 Tage
➤ Pro Portion ca.: 110 kcal

1 | Die Rote Bete waschen. In einen Topf geben, mit Wasser bedecken und salzen. Das Wasser zum Kochen bringen und die Rote Bete in etwa 45 Min. weich kochen. Abschrecken, abkühlen lassen.

2 | Die Zwiebel schälen und sehr fein hacken. Den Dill waschen und trockenschütteln, die Spitzen abzupfen und hacken. Die Rote Bete schälen und auf der Rohkostreibe fein raspeln.

3 | Rote Bete, Zwiebel und Dill mit dem Schmand, dem Zitronensaft und dem Honig verrühren. Den Knoblauch schälen und dazupressen.

4 | Die Creme gut durchrühren und mit Salz, Pfeffer und dem Kümmel pikant abschmecken.

➤ Unterlage: Bauernbrot oder Fladenbrot
➤ Deko: Bett aus Dill, dünne Rote-Bete-Scheiben

**für Gäste | schnell**

# Gurken-Birnen-Ricotta

FÜR 4 PERSONEN

➤ 1 Mini-Salatgurke (etwa 150 g)
1/2 Birne (etwa 120 g)
2 TL Zitronensaft
1/2 Bund Basilikum
2 TL Kapern
250 g cremiger Ricotta
1 EL Olivenöl
Salz
Pfeffer, frisch gemahlen
Cayennepfeffer

🕐 Zubereitung: 15 Min.
🕐 Haltbarkeit: 2–3 Tage
➤ Pro Portion ca.: 150 kcal

1 | Die Gurke schälen und der Länge nach halbieren. Die Kerne samt dem weichen Fruchtfleisch mit einem kleinen Löffel herauskratzen, die Gurkenhälften sehr fein hacken. Die Birne schälen, vom Kerngehäuse befreien und in sehr feine Würfel schneiden. Mit dem Zitronensaft mischen.

2 | Die Basilikumblättchen von den Stängeln zupfen und in feine Streifen schneiden. Die Kapern fein hacken.

3 | Den Ricotta mit dem Olivenöl glatt verrühren. Gurke, Birne, Basilikum und Kapern untermischen und die Creme mit Salz, Pfeffer und Cayennepfeffer würzen.

➤ Unterlage: Oliven-Ciabatta
➤ Deko: Basilikumblättchen

*im Bild links:* **Rote-Bete-Creme mit Dill**   *im Bild rechts:* **Gurken-Birnen-Ricotta** ➤

preiswert | scharf

# Meerrettich-Nuss-Quark

FÜR 4 PERSONEN

➤ 50 g Walnusskerne

1 Stück frischer Meerrettich (etwa 3 cm lang, ersatzweise 1 EL Meerrettich aus dem Glas)

250 g Quark

50 g Sahne

2 TL Apfeldicksaft (ersatzweise Honig)

Salz

🕐 Zubereitung: 25 Min.

🕐 Haltbarkeit: 2–3 Tage

➤ Pro Portion ca.: 195 kcal

1 | Die Walnusskerne mit einem großen Messer möglichst fein hacken. Den Meerrettich schälen und auf der Rohkostreibe fein reiben.

2 | Den Quark mit der Sahne und dem Dicksaft verrühren. Walnüsse und Meerrettich untermischen und den Quark mit Salz abschmecken.

➤ Unterlage: kräftiges Bauernbrot, Sesamfladen

➤ Deko: Gurkenscheiben

schnell | herzhaft

# Zwiebel-schmand

FÜR 4 PERSONEN

➤ 1 rote Zwiebel

1 Bund Frühlingszwiebeln

1 EL Olivenöl

1 getrocknete Chilischote nach Belieben

1 Bund Schnittlauch

200 g Schmand

Salz

Pfeffer, frisch gemahlen

1 Prise gemahlener Koriander

🕐 Zubereitung: 20 Min.

🕐 Haltbarkeit: 1 Tag

➤ Pro Portion ca.: 150 kcal

1 | Die rote Zwiebel schälen und in sehr kleine Würfel schneiden. Die Frühlingszwiebeln waschen, putzen und samt knackigem Grün in feine Ringe schneiden.

2 | Das Öl in einer Pfanne erhitzen. Die Zwiebelwürfel und -ringe darin bei mittlerer bis schwacher Hitze etwa 5 Min. braten. Nach Belieben die Chilischote zerkrümeln und mitbraten. Zwiebeln abkühlen lassen.

3 | Den Schnittlauch waschen, trockenschütteln und in kleine Röllchen schneiden. Mit den Zwiebeln unter den Schmand mischen und den Aufstrich mit Salz, Pfeffer und dem Koriander abschmecken.

➤ Unterlage: kräftiges Bauernbrot oder Pumpernickel

➤ Deko: Schnittlauchkringel

**TIPP**

Sowohl der Meerrettich-Nuss-Quark wie auch der Zwiebelschmand schmecken außer zu Brot auch sehr gut zu kaltem Braten, zu Räucherlachs oder auch zu frisch gekochten Pellkartoffeln.

*im Bild links:* **Meerrettich-Nuss-Quark**   *im Bild rechts:* **Zwiebelschmand** ➤

**schnell | gelingt leicht**

# Paprikaquark

FÜR 4 PERSONEN

➤ je 1/2 rote und gelbe
  Paprikaschote (etwa 150 g)

  1/4 Bund Petersilie

  250 g Sahnequark

  50 g Schmand (ersatz-
  weise Crème fraîche)

  1/2 TL edelsüßes
  Paprikapulver

  Salz

🕐 Zubereitung: 20 Min.

🕐 Haltbarkeit: 2–3 Tage

➤ Pro Portion ca.: 135 kcal

1 | Die Paprikahälften von
den Trennwänden samt den
Kernen und eventuell auch
dem Stielansatz befreien und
waschen. Die Paprikahälften
so fein wie möglich hacken.

2 | Die Petersilie waschen und
trockenschütteln. Die Blättchen von den Stängeln zup-
fen und ebenfalls fein hacken.

3 | Den Quark mit dem
Schmand verrühren. Die
gehackte Paprika und Petersilie untermischen und den
Quark mit Paprikapulver
und Salz abschmecken.

➤ Unterlage: Dinkelbrötchen
  oder Bauernbrötchen

➤ Deko: feine Paprikastreifen
  und Petersilienblättchen

**preiswert
gelingt leicht**

# Eieraufstrich

FÜR 4 PERSONEN

➤ 2 Eier

  1 Stück Salatgurke
  (etwa 120 g)

  1 Kästchen Gartenkresse

  100 g Quark

  50 g Schmand (ersatz-
  weise saure Sahne)

  1 TL scharfer Senf

  Salz

  Pfeffer, frisch gemahlen

🕐 Zubereitung: 25 Min.

🕐 Haltbarkeit: 2 Tage

➤ Pro Portion ca.: 100 kcal

1 | Die Eier in kochendem
Wasser in 8–10 Min. hart
kochen, dann abschrecken
und abkühlen lassen.

2 | Die Gurke schälen und
längs halbieren. Die Kerne
samt dem weichen Frucht-
fleisch mit einem Löffel he-
rausschaben und die Gurken-

hälften sehr fein hacken. Die
Kresse mit der Küchenschere
vom Beet schneiden.

3 | Die Eier schälen. Das Ei-
weiß ablösen und in kleine
Würfel schneiden. Eigelbe
mit einer Gabel zerdrücken
und mit dem Quark, dem
Schmand und dem Senf ver-
rühren.

4 | Eiweißwürfel, Gurke und
Kresse unter die Quarkmi-
schung rühren und den Aufstrich mit Salz und Pfeffer
abschmecken.

➤ Unterlage: kräftiges
  Roggenbrot oder dunkles
  Bauernbrot, außerdem
  Radieschenscheiben

➤ Deko: aufgefächerte
  dünne Gurkenscheiben
  und geviertelte, hart ge-
  kochte Eier, Kresse

**TIPP** Wer sich einen Aufstrich mit ins Büro neh-
men möchte, füllt ihn in
eine Plastikbox und
packt das Brot extra
ein. Den Aufstrich erst
kurz vor dem Essen auf
dem Brot verteilen.

*im Bild hinten:* **Paprikaquark**   *im Bild vorne:* **Eieraufstrich** ➤

# Mit Gemüse und Hülsenfrüchten

Wer denkt beim Thema Brotaufstriche schon an Gemüse und Hülsenfrüchte. Das sollte sich schnellstens ändern, denn aus beidem kann man die feinsten Aufstriche zaubern. Ob mediterran, mexikanisch, arabisch oder sogar ein bisschen asiatisch angehaucht – in diesem Kapitel finden Sie köstliche Cremes und Pasten aus aller Herren Länder, die Fleisch und Fisch garantiert nicht vermissen lassen. Alle gelingen leicht, sind gesund und schmecken einfach gut!

# Blitzrezepte

## Avocadoaufstrich

FÜR 4 PERSONEN

➤ 1 vollreife Avocado │ 1/2 unbehandelte
Zitrone │ 1/2 Bund Petersilie │ 2 Knoblauchzehen │ Salz │ Pfeffer, frisch
gemahlen

1 │ Avocado entkernen, schälen und das
Fruchtfleisch fein zerdrücken. Zitrone
heiß waschen, Schale dünn abschneiden,
Saft auspressen. Die Petersilie waschen,
trockenschütteln, Blättchen abzupfen.

2 │ Knoblauch schälen und mit Zitronenschale und Petersilie sehr fein hacken. Mit
3–4 TL Zitronensaft zur Avocado rühren
und mit Salz und Pfeffer abschmecken.

➤ Unterlage: Fladenbrot oder Nussbrot
➤ Deko: Petersilienblättchen

## Olivenpaste

FÜR 4 PERSONEN

➤ 100 g entsteinte schwarze Oliven
1 EL Kapern │ 1 EL Pinienkerne │ 1 EL
Tomatenmark │ 3 EL kalt gepresstes
Olivenöl │ Pfeffer, frisch gemahlen

1 │ Alle Zutaten in den Mixer oder die
Küchenmaschine geben und fein pürieren.

2 │ Die Paste mit Pfeffer abschmecken. Salz
ist in der Regel nicht nötig, weil sowohl
Oliven als auch Kapern salzig sind.

➤ Unterlage: geröstete Weißbrotscheiben
➤ Deko: Pinienkerne

schnell | gelingt leicht

# Bunter Gemüse-aufstrich

FÜR 4 PERSONEN

➤ 1 Stück Zucchino
  (etwa 50 g)
  1/4 rote Paprikaschote
  1 kleine feste Tomate
  1/4 Avocado
  1/2 Bund Basilikum
  (ersatzweise Petersilie)
  100 g Quark
  100 g Salatmayonnaise
  1 Msp. Tomatenmark
  Salz
  Pfeffer, frisch gemahlen

🕐 Zubereitung: 15 Min.
🕐 Haltbarkeit: 2–3 Tage
➤ Pro Portion ca.: 140 kcal

1 | Den Zucchino, die Paprika und die Tomate waschen und putzen, das Avocadoviertel schälen. Das Gemüse in sehr kleine Würfel schneiden oder fein hacken.

2 | Die Basilikumblättchen von den Stängeln zupfen und fein hacken.

3 | Den Quark mit der Salatmayonnaise und dem Tomatenmark verrühren. Gemüse und Basilikum untermischen und den Aufstrich mit Salz und Pfeffer abschmecken.

➤ Unterlage: Weißbrot, eventuell getoastet
➤ Deko: Basilikumblättchen

Spezialität aus
Österreich

# Erdäpfelkas

FÜR 4 PERSONEN

➤ 2 vorwiegend fest kochen-de Kartoffeln (etwa 230 g)
  1 Ei
  1 kleine Zwiebel
  1 Gewürzgurke
  2 Sardellenfilets in Öl
  3 EL saure Sahne
  2 TL Kürbiskernöl
  nach Belieben
  1 TL scharfer Senf
  1 TL edelsüßes
  Paprikapulver
  Salz

🕐 Zubereitung: 40 Min.
🕐 Haltbarkeit: 2 Tage
➤ Pro Portion ca.: 105 kcal

1 | Die Kartoffeln waschen und ungeschält in Wasser in etwa 20 Min. weich kochen. Gleichzeitig in 8–10 Min. das Ei hart kochen.

2 | Ei abschrecken, Kartoffeln abgießen und ausdampfen lassen.

3 | Die Zwiebel schälen und sehr fein würfeln. Die Gewürzgurke und die Sardellen-filets ebenfalls sehr fein schneiden. Kartoffeln schälen und durch die Presse drücken oder fein zerstampfen (nicht pürieren!).

4 | Ei schälen und halbieren. Eiweiß ablösen und klein würfeln. Eigelb mit einer Gabel zerdrücken und mit den Kartoffeln, der sauren Sahne, nach Belieben dem Kürbiskernöl und dem Senf verrühren. Zwiebel, Gurke, Sardellen- und Eiweißwürfel unterheben und den Auf-strich mit dem Paprikapulver und Salz abschmecken.

➤ Unterlage: Brezen, Korn-spitze oder Vollkornbrot
➤ Deko: Schnittlauchröllchen

*im Bild links:* Bunter Gemüseaufstrich    *im Bild rechts:* Erdäpfelkas ➤

mediterran | preiswert

# Auberginenaufstrich

FÜR 4 PERSONEN

➤ 1 Aubergine (etwa 350 g)
  1 Bund Frühlingszwiebeln
  1 Tomate
  1/4 Bund Petersilie
  4 EL kalt gepresstes Olivenöl
  1 EL Zitronensaft
  2 Knoblauchzehen
  Salz | Cayennepfeffer

🕐 Zubereitung: 45 Min.
🕐 Haltbarkeit: 3–4 Tage
➤ Pro Portion ca.: 110 kcal

1 | Backofen auf 250° (Umluft 220°) vorheizen. Aubergine waschen und auf dem Backblech im Ofen (Mitte) in etwa 30 Min. weich garen. Zwiebeln waschen, putzen und sehr fein hacken. Tomate waschen und ganz klein würfeln, dabei Stielansatz entfernen. Petersilie waschen, trockenschütteln und die Blättchen fein hacken.

2 | Die Aubergine etwas abgekühlt längs aufschneiden und das Fleisch herauskratzen. Mit

Öl und Zitronensaft mit dem Pürierstab pürieren. Den Knoblauch schälen und dazupressen. Zerkleinerte Zutaten untermischen und den Aufstrich mit Salz und Cayennepfeffer abschmecken.

➤ Unterlage: Fladenbrot
➤ Deko: geröstete Pinienkerne

scharf | für Gäste

# Pikante Paprikapaste

FÜR 4 PERSONEN

➤ 2 rote Paprikaschoten (etwa 300 g)
  2 große Knoblauchzehen
  150 g Ziegenfrischkäse
  1 Msp.Harissa (Chili-Paprika-Paste, aus dem türkischen Lebensmittelladen; ersatzweise Sambal oelek)
  Salz

🕐 Zubereitung: 40 Min.
🕐 Kühlzeit: 2 Std.
🕐 Haltbarkeit: 4–5 Tage
➤ Pro Portion ca.: 120 kcal

1 | Backofen auf 250° (Umluft 220°) vorheizen. Die Paprika waschen, halbieren, putzen. Mit der Schnittfläche nach

unten auf das Blech legen. Im Ofen (Mitte) 15–20 Min. rösten, bis die Haut dunkel wird und Blasen wirft. Nach etwa der Hälfte der Zeit die ungeschälten Knoblauchzehen daneben legen.

2 | Die Schoten mit einem feuchten Tuch bedecken und etwas abkühlen lassen, dann die Haut abziehen. Die Knoblauchzehen halbieren und das Innere herauslösen. Paprika grob würfeln und mit dem Knoblauch mit dem Pürierstab fein pürieren.

3 | Püree abkühlen lassen, dann mit dem Frischkäse und dem Harissa verrühren. Mit Salz abschmecken und mindestens 2 Std. kühl stellen.

➤ Unterlage: Fladenbrot oder Baguette
➤ Deko: Basilikumblättchen

**TIPP**
Sie können die Paprikapaste auch ohne Frischkäse zubereiten. Dann 3–4 Schoten nehmen und die Würfel nach dem Häuten mit etwa 5 EL Olivenöl pürieren.

preiswert | herzhaft

# Linsencreme mit Sardellen

FÜR 4 PERSONEN

➤ **150 g rote Linsen**
  **2 Zweige Rosmarin**
  **2 Knoblauchzehen**
  **4 Sardellenfilets in Öl**
  **1 TL Zitronensaft**
  **Salz**
  **Pfeffer, frisch gemahlen**

🕐 Zubereitung: 30 Min.
🕐 Haltbarkeit: 1 Woche
➤ Pro Portion ca.: 130 kcal

1 | Die Linsen in einen Topf füllen. Rosmarin waschen und trockenschütteln, die Nadeln abzupfen und zu den Linsen geben. Den Knoblauch schälen und im Ganzen mit in den Topf legen.

2 | 350 ml Wasser dazugießen und alles zum Kochen bringen. Die Linsen bei schwacher Hitze zugedeckt etwa 15 Min. garen, bis sie sehr weich sind.

3 | Die Sardellenfilets grob hacken. Die Linsen mit den Sardellen mit dem Pürierstab fein pürieren. Die

Creme mit dem Zitronensaft, Salz und Pfeffer pikant abschmecken.

➤ Unterlage: Weißbrot (eventuell geröstet) oder Vollkornbaguette
➤ Deko: Rosmarinzweige

schnell | scharf

# Kichererbsenpaste

FÜR 4 PERSONEN

➤ **150 g feste Tomaten**
  **1 rote Zwiebel**
  **2 Knoblauchzehen**
  **1 grüne Chilischote**
  **1/4 Bund Koriander**
  **1 Dose Kichererbsen (285 g Abtropfgewicht)**
  **3 EL Olivenöl**
  **3 EL Limettensaft**
  **Salz**

🕐 Zubereitung: 20 Min.
🕐 Haltbarkeit: 4 Tage
➤ Pro Portion ca.: 160 kcal

1 | Die Tomaten waschen und sehr klein würfeln, dabei die Stielansätze entfernen. Die Zwiebel und den Knoblauch schälen und sehr fein hacken. Die Chilischote waschen und

den Stielansatz abschneiden, die Schote fein hacken. Den Koriander waschen, trockenschütteln und die Blättchen ebenfalls fein schneiden.

2 | Die Kichererbsen in ein Sieb schütten und gründlich kalt abbrausen. Die Kichererbsen mit dem Olivenöl und dem Limettensaft mit dem Pürierstab fein pürieren.

3 | Tomaten, Zwiebel, Knoblauch, Chili und Koriander unter das Kichererbsenpüree mischen und mit Salz abschmecken.

➤ Unterlage: Fladenbrot oder warme Tortillas
➤ Deko: Korianderblättchen

**TIPP** Wer mag, kann natürlich die Kichererbsen für die Paste nicht bereits gegart aus der Dose nehmen, sondern selber kochen. Dafür etwa 80 g Erbsen mit Wasser bedecken und über Nacht einweichen. Dann am nächsten Tag im Einweichwasser in 1–2 Std. weich kochen.

*im Bild links:* **Linsencreme mit Sardellen**    *im Bild rechts:* **Kichererbsenpaste** ➤

schnell | herzhaft

# Sonnenblumen-kernpaste

FÜR 4 PERSONEN

➤ 2 Bund Basilikum
  150 g Sonnenblumenkerne
  75 ml Sonnenblumenöl
  2 TL Kapern
  1 Knoblauchzehe
  1/2 unbehandelte Zitrone
  Salz
  Pfeffer, frisch gemahlen

🕐 Zubereitung: 20 Min.
🕐 Haltbarkeit: 1 Woche
➤ Pro Portion ca.: 330 kcal

1 | Die Basilikumblättchen von den Stängeln zupfen und grob hacken. Mit den Sonnenblumenkernen, dem Öl und den Kapern im Mixer fein pürieren. Den Knoblauch schälen und dazupressen.

2 | Die Zitronenhälfte heiß waschen und die Schale fein abreiben. Aufstrich mit der Zitronenschale, Salz und Pfeffer abschmecken.

➤ Unterlage: Weißbrot oder Vollkornbrötchen
➤ Deko: Basilikumblättchen

schnell | mediterran

# Rucolapaste

FÜR 4 PERSONEN

➤ 100 g getrocknete Tomaten in Öl
  2 Bund Rucola
  1 eingelegte grüne Peperoni
  50 g Pinienkerne
  3 EL kalt gepresstes Olivenöl
  Salz

🕐 Zubereitung: 10 Min.
🕐 Haltbarkeit: 1 Woche
➤ Pro Portion ca.: 220 kcal

1 | Die Tomaten fein würfeln. Den Rucola verlesen, von den harten Stielen befreien und gründlich waschen. Den Rucola trockenschleudern und grob hacken. Peperoni vom Stielansatz befreien und in Ringe schneiden.

2 | Tomaten und Rucola mit Peperoni, Pinienkernen und Olivenöl mit dem Pürierstab oder im Mixer fein zerkleinern. Mit Salz abschmecken.

➤ Unterlage: Weißbrot, am besten geröstet
➤ Deko: Rucolabett

schnell | preiswert

# Sellerie-Erdnuss-Paste

FÜR 4 PERSONEN

➤ 1 Stange Sellerie
  1/4 Bund Petersilie
  100 g frische Erdnusskerne
  50 g geröstete gesalzene Erdnusskerne
  4 EL Erdnussöl
  4 EL Orangensaft
  Salz | Tabascosauce

🕐 Zubereitung: 15 Min.
🕐 Haltbarkeit: 1 Woche
➤ Pro Portion ca.: 315 kcal

1 | Den Sellerie waschen, putzen und sehr fein hacken. Petersilie waschen, trockenschütteln und die Blätter ebenfalls hacken.

2 | Nüsse grob hacken, mit dem Öl und dem Orangensaft im Mixer fein pürieren. Sellerie und Petersilie untermischen. Die Paste mit Salz und Tabasco abschmecken.

➤ Unterlage: Bagels oder Vollkornbrötchen
➤ Deko: feine Orangenschalenstreifen

herzhaft | gelingt leicht

# Kohlrabi-Sesam-Paste

FÜR 4 PERSONEN

➤ 1 Kohlrabi (etwa 350 g)
Salz
1 EL helle Sesamsamen
50 g Tahin (Sesampaste, mit oder ohne Salz)
2 TL Sojasauce
1 1/2 TL Zitronensaft (ersatzweise milder Essig)
Pfeffer, frisch gemahlen

🕐 Zubereitung: 30 Min.
🕐 Haltbarkeit: 1 Woche
➤ Pro Portion ca.: 110 kcal

1 | Den Kohlrabi schälen und ein kleines Stück (etwa ein Achtel) beiseite legen. Den Rest grob würfeln und mit ganz wenig Wasser und Salz in einen Topf füllen.

2 | Kohlrabi zum Kochen bringen und zugedeckt bei mittlerer Hitze in etwa 12 Min. bissfest garen.

3 | Inzwischen den rohen Kohlrabi auf der Rohkostreibe fein raspeln. Sesamsamen in einer Pfanne ohne Fett anrösten, bis sie würzig duften.

4 | Die gegarten Kohlrabiwürfel mit der Sesampaste und der Sojasauce mit dem Pürierstab oder im Mixer pürieren. Die Kohlrabiraspel und die Sesamsamen untermischen und die Paste mit dem Zitronensaft sowie Salz und Pfeffer abschmecken.

➤ Unterlage: Sesamfladen, Tortilla(-Chip)s, Baguette
➤ Deko: Schnittlauchröllchen

scharf | gut vorzubereiten

# Meerrettich-Mandel-Creme

FÜR 4 PERSONEN

➤ 150 g Mandeln
1 Stück frischer Meerrettich (etwa 5 cm lang und 50 g schwer)
50 ml Sonnenblumenöl
3 EL Crème fraîche
1 TL Zitronensaft
1 TL Zucker
Salz
1 Prise gemahlener Kreuzkümmel

🕐 Zubereitung: 40 Min.
🕐 Haltbarkeit: 2 Wochen
➤ Pro Portion ca.: 335 kcal

1 | Die Mandeln in eine Schüssel füllen, mit kochend heißem Wasser überbrühen und kurz ziehen lassen. Dann abschrecken und die Mandeln aus den Häuten drücken. Mandeln gut abtrocknen und grob hacken.

2 | Den Meerrettich schälen und klein würfeln. Mandeln und Meerrettich im Mixer fein zerkleinern, dabei nach und nach das Öl dazufließen lassen und die Crème fraîche dazugeben.

3 | Den Zitronensaft unterrühren und die Creme mit dem Zucker, Salz und Kreuzkümmel abschmecken.

➤ Unterlage: kräftiges Bauernbrot oder Vollkornbrot, auch Zwiebelstangen passen gut
➤ Deko: Kresse oder fein geriebener frischer Meerrettich

im Bild links: **Kohlrabi-Sesam-Paste**    im Bild rechts: **Meerrettich-Mandel-Creme** ➤

gut vorzubereiten
gelingt leicht

# Grünkern-Pilz-Aufstrich

FÜR 4 PERSONEN

➤ 10 g getrocknete Steinpilze
   1 Zwiebel
   1 Knoblauchzehe
   40 g Butter
   100 g Grünkernschrot
   1/4 Bund Petersilie
   Salz
   Pfeffer, frisch gemahlen

🕐 Zubereitung: 20 Min.
🕐 Quellzeit: 1 Std.
🕐 Haltbarkeit: 4 – 5 Tage
➤ Pro Portion ca.: 160 kcal

1 | Die Pilze mit gut 1/4 l Wasser bedecken und etwa 30 Min. quellen lassen.

2 | Die Zwiebel und den Knoblauch schälen und fein hacken. Die Pilze aus dem Wasser heben.

3 | Zwiebel, Knoblauch und Pilze in 1/2 EL zerlassener Butter andünsten. Grünkernschrot dazugeben und kurz unter Rühren andünsten. Dann mit dem Pilzeinweich-wasser aufgießen und gut durchrühren. Schrot bei schwacher Hitze 10 Min. zugedeckt garen, dann auf der abgeschalteten Herdplatte 30 Min. nachquellen lassen.

4 | Petersilie waschen, trockenschütteln und die Blättchen fein hacken. Restliche Butter in kleine Stücke schneiden, zum Grünkern geben und alles mit dem Pürierstab gut pürieren. Mit Salz und Pfeffer würzen, die Petersilie untermischen.

➤ Unterlage: Weißbrot, Vollkornbrot und Knäckebrot
➤ Deko: Petersilienblättchen

etwas scharf | preiswert

# Zucchini-Basilikum-Aufstrich

FÜR 4 PERSONEN

➤ 400 g junge Zucchini
   3 Knoblauchzehen
   1 getrocknete Chilischote
   6 EL kalt gepresstes Olivenöl
   2 Bund Basilikum
   2 TL Zitronensaft
   Salz
   Pfeffer, frisch gemahlen

🕐 Zubereitung: 30 Min.
➤ Pro Portion ca.: 155 kcal

1 | Die Zucchini waschen, putzen und würfeln. Den Knoblauch schälen und fein hacken. Die Chilischote zerkrümeln.

2 | In einem Topf 2 EL Öl erhitzen. Zucchini mit Knoblauch und Chili darin anbraten, dann zugedeckt bei schwacher Hitze in 15 Min. weich schmoren.

3 | Inzwischen die Basilikumblättchen von den Stängeln zupfen. Ein paar Blättchen in Streifen schneiden und beiseite legen, Rest grob hacken.

4 | Die Zucchini etwas abkühlen lassen, dann mit dem gehackten Basilikum und dem übrigen Öl mit dem Pürierstab fein pürieren. Mit Zitronensaft, Salz und Pfeffer abschmecken, die Basilikumstreifen unterheben.

➤ Unterlage: Weißbrot (am besten geröstet) oder Oliven-Ciabatta
➤ Deko: Basilikumblättchen, frische rote Chilischoten

# Mit Fisch und Fleisch

Schinken, Braten oder Räucherfisch auf dem Brot, das kennt jeder. Dass man aus diesen Zutaten aber noch viel feinere Aufstriche machen kann, das erfahren Sie in diesem Kapitel. Ob Schinken mit Ricotta zur Creme gemixt oder Matjes mit Quark angemacht wird oder sogar mal eine würzige Leberwurst in der eigenen Küche entsteht – alles schmeckt überzeugend gut und gelingt garantiert!

# Blitzrezepte

## Tunfischcreme

FÜR 4 PERSONEN

➤ 1 Dose Tunfisch im eigenen Saft (150 g Abtropfgewicht) | 100 g Naturjoghurt (ersatzweise Crème fraîche) | 2 Gewürzgurken | Salz | Pfeffer, frisch gemahlen | 1 Spritzer Zitronensaft

1 | Den Tunfisch abtropfen lassen und mit dem Joghurt mit dem Pürierstab fein zerkleinern.

2 | Die Gewürzgurken sehr fein würfeln. Unter die Tunfischcreme rühren und diese mit Salz, Pfeffer und dem Zitronensaft abschmecken.

➤ Unterlage: Weißbrot, am besten geröstet
➤ Deko: Kapern

## Schinkencreme

FÜR 4 PERSONEN

➤ 100 g roh geräucherter Schinken 100 g Cocktailtomaten | 100 g cremiger Ricotta | Salz | Pfeffer, frisch gemahlen

1 | Den Schinken vom Fettrand befreien und in kleine Würfel schneiden. Die Tomaten waschen und vierteln.

2 | Den Ricotta mit dem Schinken und den Tomaten im Mixer fein zerkleinern. Mit Salz und Pfeffer abschmecken.

➤ Unterlage: Weißbrot oder knuspriges Misch- oder Bauernbrot
➤ Deko: halbierte Cocktailtomaten

schnell | für Festtage
# Räucher-
# fischcreme

FÜR 4 PERSONEN

➤ **200 g geräuchertes Forellenfilet (ersatzweise Saiblingfilet)**

**1 Tomate**

**50 g Crème fraîche**

**1 Hand voll Kerbel (ersatzweise 1/2 Bund Dill)**

**2 TL Zitronensaft**

**Salz**

**Pfeffer, frisch gemahlen**

🕑 Zubereitung: 10 Min.

🕑 Haltbarkeit: 2–3 Tage

➤ Pro Portion ca.: 140 kcal

1 | Forellenfilet von der Haut und allen Gräten befreien, in Stücke zupfen. Die Tomate waschen und würfeln, dabei den Stielansatz entfernen.

2 | Den Fisch mit der Tomate und der Crème fraîche mit dem Pürierstab fein pürieren.

3 | Den Kerbel verlesen und alle dicken Stängel entfernen. Kerbel waschen, trockenschütteln und fein hacken. Gründlich unter das Fischpüree mischen.

4 | Die Räucherfischcreme mit dem Zitronensaft, Salz (Vorsicht, der Fisch ist schon salzig!) und Pfeffer würzen.

➤ Unterlage: Weißbrot oder Toastbrot – jeweils geröstet

➤ Deko: Kerbelstängel und geräucherte Fischfiletstücke

für Gäste | gelingt leicht
# Feine
# Lachspaste

FÜR 4 PERSONEN

➤ **200 g Lachsfilet**

**2 Knoblauchzehen**

**1 Glas Fischfond (400 ml)**

**2 Lorbeerblätter**

**50 g altbackenes Weißbrot**

**5 EL kalt gepresstes Olivenöl**

**1 EL Zitronensaft**

**Salz**

**Pfeffer, frisch gemahlen**

**1 Prise Cayennepfeffer**

🕑 Zubereitung: 30 Min.

🕑 Haltbarkeit: 2 Tage

➤ Pro Portion ca.: 260 kcal

1 | Lachsfilet kalt abbrausen und trockentupfen. Knoblauchzehen schälen.

2 | Den Fischfond mit Knoblauch und Lorbeerblättern in einem Topf zum Kochen bringen. Lachsfilet einlegen, die Hitze ganz klein stellen und den Fisch 5 Min. zugedeckt garen. Dann im Sud erkalten lassen.

3 | Das Brot von der Rinde befreien und in einer flachen Schale mit 150 ml vom Sud begießen und in 10 Min. weich werden lassen.

4 | Lachs in Stücke zupfen, Brot ausdrücken. Beides mit Knoblauch (aus dem Sud) und Öl mit dem Pürierstab fein pürieren. Paste eventuell mit etwas Sud verdünnen. Mit Zitronensaft, Salz, Pfeffer und Cayennepfeffer würzen.

➤ Unterlage: Baguette

➤ Deko: Lorbeerblätter und feine Zitronenschalenstreifen

**TIPP** Für eine feine Vorspeise eine der beiden Aufstriche zubereiten und mit zwei Esslöffeln zu Nocken formen. Mit Feldsalat auf großen Tellern anrichten.

preiswert
gelingt leicht
# Bunter Matjesquark

FÜR 4 PERSONEN

➤ 4 Matjesfilets (150 g)

1/4 rote Paprikaschote

1 Stück Salatgurke (etwa 100 g)

1 kleine rote Zwiebel

1 Gewürzgurke

1/2 Bund Schnittlauch

100 g Quark

50 g saure Sahne (ersatzweise Naturjoghurt)

Salz

Pfeffer, frisch gemahlen

🕐 Zubereitung: 20 Min.

🕐 Haltbarkeit: 2 Tage

➤ Pro Portion ca.: 150 kcal

1 | Die Matjesfilets vom Schwanz befreien und sehr fein hacken. Das Paprikastück waschen und putzen, die Salatgurke schälen. Beides sehr klein würfeln. Zwiebel schälen und sehr fein hacken. Die Gewürzgurke ebenfalls schön klein schneiden. Den Schnittlauch waschen, trockenschütteln und in sehr feine Röllchen schneiden.

2 | Quark, saure Sahne und alle klein geschnittenen Zutaten mischen. Mit Salz und Pfeffer abschmecken.

➤ Unterlage: kräftiges Brot (als Hauptgericht für zwei Leute Pellkartoffeln und grüne Bohnen zum Quark servieren)

➤ Deko: Schnittlauchstängel

schnell | herzhaft
# Krabbenfrischkäse

FÜR 4 PERSONEN

➤ 100 g Nordseekrabben, gepult

1 Stück Stangensellerie (etwa 50 g)

1 Bund Dill

2 TL Kapern nach Belieben

100 g Doppelrahm-Frischkäse

50 g Sahne (ersatzweise Naturjoghurt)

1 TL mittelscharfer Senf

1 TL Zitronensaft

Salz

Pfeffer, frisch gemahlen

🕐 Zubereitung: 15 Min.

🕐 Haltbarkeit: 2 Tage

➤ Pro Portion ca.: 135 kcal

1 | Die Krabben fein hacken. Den Sellerie waschen, putzen und ebenfalls fein schneiden. Dill waschen und trockenschütteln, von den groben Stängeln befreien und fein hacken. Nach Belieben auch die Kapern hacken.

2 | Den Frischkäse mit der Sahne und dem Senf glatt verrühren. Die zerkleinerten Zutaten untermischen und den Aufstrich mit Zitronensaft, Salz und Pfeffer würzen.

➤ Unterlage: dunkles Vollkornbrot oder Pumpernickel

➤ Deko: Dillspitzen und Nordseekrabben

**TIPP**

Mit dem Krabbenfrischkäse können Sie auch ein köstliches Sandwich zubereiten: Sandwich- oder Toastbrot mit ein paar bunten Salatblättern belegen und dick mit dem Frischkäse bestreichen. Hauchdünne Gurken- und Tomatenscheiben abwechselnd darauf legen, salzen, pfeffern und mit einer weiteren Brotscheibe abdecken.

*im Bild links:* **Bunter Matjesquark** *im Bild rechts:* **Krabbenfrischkäse** ➤

Klassiker | gut vorzubereiten

# Würzige Kalbsleberwurst

FÜR 8 PERSONEN

➤ **300 g Schweinehals (ohne Knochen)**

**1 Bund Suppengrün**

**1 Lorbeerblatt**

**1 TL Pfefferkörner | Salz**

**250 g Kalbsleber**

**1 große Zwiebel**

**100 g durchwachsener Räucherspeck**

**1/2 unbehandelte Zitrone**

**1/4 Bund Majoran**

**Pfeffer, frisch gemahlen**

🕐 Zubereitung: 35 Min.

🕐 Garzeit: 1 1/4 Std.

🕐 Haltbarkeit: 4–5 Tage

➤ Pro Portion ca.: 150 kcal

1 | Den Schweinehals in einen Topf legen. Das Suppengrün waschen oder schälen, putzen und grob schneiden. Mit dem Lorbeerblatt und den Pfefferkörnern zum Fleisch geben. Mit so viel Wasser aufgießen, dass das Fleisch gerade davon bedeckt ist. Zum Kochen bringen, salzen.

2 | Das Fleisch bei schwacher Hitze 1 Std. garen, dann aus dem Sud heben. Nun die Kalbsleber 15 Min. im Sud ziehen lassen, herausheben. Fleisch und Leber abgekühlt in Würfel schneiden.

3 | Zwiebel schälen und fein hacken, Speck würfeln. Zitrone heiß waschen, Schale dünn abschneiden und fein hacken. Majoran waschen, trockenschütteln, Blättchen abzupfen.

4 | Zwiebel mit Speck, Zitronenschale und Majoran in einem Topf unter Rühren etwa 10 Min. bei mittlerer Hitze garen, bis Zwiebel und Speck glasig sind. Die Speckmischung, Fleisch und Leber sowie etwa 100 ml Sud in einen Mixer geben und fein pürieren. Salzen und pfeffern.

➤ Unterlage: Baguette

➤ Deko: Majoranblättchen

**TIPP**

Fein schmecken auch Kaninchenkeulen, die man in dem Sud gart. Nach dem Garen nicht mit Leber, sondern mit 100 g Butter und 150 g Sahne fein pürieren.

 **Garen**

*Fleisch bei schwacher Hitze mit halb aufgelegtem Deckel etwa 1 Std., Leber 15 Min. garen.*

 **Speck schneiden**

*Den Speck von der Schwarte befreien und beim Würfeln alle Knorpel entfernen.*

 **Zutaten pürieren**

*Speckmischung, Fleisch und Leber nach und nach mit etwas Sud zur streichbaren Masse mixen.*

### Spezialität aus der Türkei

# Hähnchen mit Walnüssen

FÜR 4 PERSONEN

➤ 150 g Hähnchenbrustfilet
1 Glas Geflügelfond (400 ml)
100 g Walnusskerne
1 1/2 Scheiben Toastbrot
1/2 Bund Petersilie
1/4 rote Paprikaschote
2 EL Walnussöl
je 1/4 TL rosenscharfes und edelsüßes Paprikapulver | Salz
Pfeffer, frisch gemahlen

🕐 Zubereitung: 35 Min.
🕐 Haltbarkeit: 3–4 Tage
➤ Pro Portion ca.: 295 kcal

1 | Filet kalt abbrausen und trockentupfen, Fond erhitzen. Fleisch einlegen und zugedeckt bei schwacher Hitze in etwa 15 Min. gar ziehen lassen. Im Fond erkalten lassen.

2 | Nüsse grob zerkleinern und in einer Pfanne ohne Fett anrösten, bis sie würzig duften. Toastbrot entrinden, mit 100 ml des Fonds begießen und weich werden lassen.

3 | Die Petersilie waschen, trockenschütteln und die Blättchen fein hacken. Das Paprikastück waschen und klein würfeln. Das Öl leicht erwärmen, das Paprikapulver darin kurz andünsten.

4 | Hähnchenfleisch aus dem Fond heben, sehr fein hacken. Brot mit den Walnüssen mit dem Pürierstab oder im Mixer pürieren. Fleisch, Öl samt Paprikapulver, Petersilie und Paprikawürfel darunter mischen. Aufstrich mit Salz und Pfeffer abschmecken.

➤ Unterlage: Fladenbrot, am besten geröstet
➤ Deko: Petersilienblättchen

### mediterran gelingt leicht

# Hähnchencreme mit Kräutern

FÜR 4 PERSONEN

➤ 300 g Hähnchenbrustfilet
1/4 l Hühnerbrühe
1 Bund Basilikum
1 Bund Petersilie
1/2 Bund Rucola (ersatzweise Borretsch)
1 EL Kapern
5 EL kalt gepresstes Olivenöl
2 TL Aceto balsamico
Salz
Pfeffer, frisch gemahlen

🕐 Zubereitung: 30 Min.
🕐 Haltbarkeit: 2–3 Tage
➤ Pro Portion ca.: 225 kcal

1 | Filet kalt abbrausen und trockentupfen, die Brühe erhitzen. Das Fleisch darin bei schwacher Hitze 15 Min. zugedeckt ziehen lassen.

2 | Inzwischen die Kräuter waschen und trockenschütteln, dicke Stängel entfernen. Die Kräuter sehr fein, fast musig hacken.

3 | Hähnchenfleisch etwas abkühlen lassen, dann in kleine Würfel schneiden. Mit den Kapern, dem Olivenöl und 5 EL der Brühe im Mixer fein pürieren.

4 | Die Hähnchencreme mit den Kräutern und dem Essig mischen, salzen und pfeffern.

➤ Unterlage: italienisches Weißbrot
➤ Deko: Kräuterblättchen

# Zwiebel-Speck-Paste

FÜR 4 PERSONEN

- **250 g durchwachsener Räucherspeck**
- **2 Zwiebeln**
- **1/4 Bund Bohnenkraut (ersatzweise Thymian)**
- **1 EL Öl**
- **2 TL scharfer Senf**
- **Salz**
- **Pfeffer, frisch gemahlen**
- **1 Prise gemahlener Kümmel**

- Zubereitung: 35 Min.
- Haltbarkeit: 1 Woche
- Pro Portion ca.: 375 kcal

**1** | Vom Speck die Schwarte abschneiden, den Speck in kleine Würfel schneiden und dabei auch die Knorpel entfernen. Die Zwiebeln schälen und fein hacken. Das Bohnenkraut waschen, trockenschütteln und die Blättchen von den Zweigen abstreifen.

**2** | Das Öl erhitzen. Speck, Zwiebeln und Bohnenkraut darin 10–15 Min. unter Rühren bei schwacher Hitze dünsten.

**3** | Speckmischung leicht abkühlen lassen, dann im Mixer oder mit dem Pürierstab nur so fein zerkleinern, dass eine streichfähige Paste entsteht. Mit dem Senf, Salz, Pfeffer und dem Kümmel abschmecken.

- Unterlage: kräftiges Bauernbrot, Vinschgauer oder Laugenbrötchen
- Deko: Bohnenkraut- oder Thymianzweige

# Griebenschmalz mit Äpfeln

FÜR 10 PERSONEN

- **750 g fetter Schweinebauch**
- **2 große Zwiebeln**
- **2 säuerliche Äpfel**
- **1/2 Bund Thymian**
- **2 TL Salz**
- **Pfeffer, frisch gemahlen**

- Zubereitung: 1 Std. 15 Min.
- Haltbarkeit: 3–4 Monate
- Pro Portion ca.: 185 kcal

**1** | Eventuell die Schwarte des Schweinebauchs abschneiden. Den Schweinebauch in kleine Würfel schneiden.

**2** | Die Fleischwürfel in eine hohe Pfanne oder einen Topf (am besten aus Gusseisen) geben und erhitzen, bis das Fett austritt. Dann unter Rühren bei schwacher Hitze etwa 30 Min. braten, bis die Würfel beginnen knusprig zu werden.

**3** | Inzwischen die Zwiebeln schälen und in möglichst kleine Würfel schneiden. Die Äpfel vierteln, schälen und vom Kerngehäuse befreien, ebenfalls würfeln. Thymian waschen, trockenschütteln und die Blättchen von den Zweigen streifen.

**4** | Zwiebeln, Äpfel und Thymian mit Salz und Pfeffer zum Fleisch geben und zusammen noch etwa 30 Min. garen, bis die Fleischwürfel knusprig sind. Das Schmalz in hitzebeständige Gefäße füllen und abkühlen lassen.

- Unterlage: kräftiges Bauernbrot
- Deko: Thymianzweige

*im Bild links:* **Zwiebel-Speck-Paste**   *im Bild rechts:* **Griebenschmalz mit Äpfeln** ➤

# Glossar

## Avocado

Ihr fettreiches Fleisch ist so cremig, dass es sich auch pur püriert als Aufstrich eignet. Besonders aromatisch sind Hass-Avocados mit der dunklen, rauhen Schale. Und: Die Avocado muss auf Druck leicht nachgeben, sonst ist sie noch nicht reif. In diesem Fall im Obstkorb neben Äpfeln nachreifen lassen.

## Butter

Rein theoretisch kann man wählen zwischen Süß- und Sauerrahmbutter sowie mild gesäuerter Butter, hauptsächlich ist aber im Regal Sauerrahmbutter zu finden. Die Geschmacksunterschiede sind ohnehin so gering, dass die Buttersorte für die Güte eines Aufstrichs kaum eine Rolle spielt. Wichtig ist, dass die Butter wirklich frisch und so weich ist, dass man sie gut verarbeiten kann.

## Crème fraîche

Diese saure Sahne mit einem Fettgehalt von mindestens 30 % macht Aufstriche schön cremig und sahnig. Wer Fett sparen möchte, nimmt statt Crème fraîche eine Mischung aus Schmand und saurer Sahne oder auch nur saure Sahne.

## Eier

Roh kommen sie zwar in keinen Aufstrich, aber auch wenn sie gekocht verwendet werden, ist Frische wichtig. Das Mindesthaltbarkeitsdatum ist keine Hilfe um ein konkretes Alter festzustellen. Es sagt nur aus, wann ein Ei etwa 4 Wochen alt ist. Der Stempel mit dem Legedatum, der inzwischen auf viele Eier gedruckt wird, ist da genauer. Bis zu 10 Tage nach dem Legen kan man Eier roh essen, danach sind sie noch etwa 2 Wochen verwendbar.

## Frischkäse

Alle Käse, die nach der Herstellung nicht oder nur kurz reifen, bezeichnet man als Frischkäse. Der Quark gehört also im Grunde ebenso dazu wie der italienische Ricotta, Mozzarella und Mascarpone. In der Regel meinen wir aber den streichbaren Doppelrahm-Frischkäse mit einem Fettgehalt von etwa 60 %, wenn wir ihn für die Zubereitung der Brotaufstriche benötigen. Wer mag, kann auch fettreduzierte Frischkäse verwenden. In größeren Supermärkten und im Käsefachgeschäft gibt es auch Frischkäse aus Ziegenmilch zu kaufen, der einen intensiveren Geschmack hat. Ebenfalls zu den Frischkäsen gehört körniger Frischkäse, den man auch Hüttenkäse nennt. Er hat einen Fettgehalt von 10–20 % und eignet sich am besten zum Mischen mit anderen Frischkäsesorten.

## Hülsenfrüchte

Sie werden beim Pürieren schön cremig und eignen sich daher gut für Brotaufstriche. Ungewürzt kann man vor allem Kichererbsen gut schon gegart in der Dose kaufen.

## Joghurt

Es gibt ihn aus Kuh- und aus Schafmilch in unterschiedlichen Fettstufen, stichfest oder auch flüssig. Für die Aufstriche eignet sich der stichfeste besser.

## Kapern

Je kleiner sie sind, desto feiner schmecken sie. Eine noch viel größere Rolle für den Geschmack spielt allerdings die Art der Konservierung. In Salz eingelegte Kapern würzen wesentlich intensiver als die im Essigsud. Man bekommt die gesalzenen hauptsächlich im italienischen Feinkosthandel – und muss sie immer gut abbrausen und vom Salz befreien.

## Knoblauch

Nur im Sommer ist er frisch auf dem Markt, den Rest des Jahres können wir ihn getrocknet kaufen. Wichtig ist dabei, dass er richtig gelagert wurde und noch nicht austreibt. Ist erst einmal frisches Grün zu sehen, kann der Knoblauch leicht penetrant schmecken. Den Trieb in jedem Fall entfernen. Falls Sie die Wahl haben, bevorzugen Sie Knoblauch mit rosa Häutchen, sein Aroma ist feiner als das des rein weißen.

## Meerrettich

Man kann ihn als Stange frisch oder aber schon gerieben im Glas kaufen. Letzterer ist oft mit Mayonnaise oder Sahne gemischt und in jedem Fall milder als der frisch geriebene. Zum Reiben die Stange ein Stück schälen und auf der Rohkostreibe fein zerkleinern. Die restliche Stange in Folie wickeln und im Gemüsefach des Kühlschranks lagern. Besser, aber nicht immer machbar: die Stange in Sand eingraben und im kühlen Keller aufbewahren.

## Nüsse und Samen

Sie geben so manchem Aufstrich eine besondere Note. Nüsse und Samen sind ziemlich fettreich und sollten daher möglichst unzerkleinert gekauft (so halten sie sich länger) und frisch gerieben werden. Beides kühl und gut verschlossen lagern.

## Nusspasten

In Reformhäusern und Naturkostläden bekommt man Pasten aus diversen Nusssorten, die man gut für die Herstellung von Brotaufstrichen verwenden kann. Achten Sie immer auf das Mindesthaltbarkeitsdatum und bewahren Sie angebrochene Pasten im Kühlschrank auf.

## Öl

Es verstärkt die Aromen der enthaltenen Zutaten und gibt in manchen Fällen dem Aufstrich auch seine Cremigkeit. Je nachdem ob man noch ein besonderes Aroma zusteuern will (z. B. das von Olivenöl) oder das Öl nur für die Konsistenz braucht, wählt man die Ölsorte aus. In jedem Fall sollte es hochwertig sein.

## Quark

Es gibt ihn in verschiedenen Fettstufen – Magerstufe mit weniger als 10 %, Speisequark mit 20 % und Sahnequark mit 40 % Fett. Welchen Sie für die Brotaufstriche wählen, bleibt ihrem persönlichen Geschmack vorbehalten.

## Ricotta

Wird im Gegensatz zu anderen Frischkäsen nicht aus Milch, sondern aus Molke hergestellt und ist entsprechend fettarm. Kaufen können Sie ihn in fast jedem Supermarkt im 250-g-Becher.

## Sardellenfilets

Die würzigen kleinen Fische bekommt man in Salz oder in Öl eingelegt. Die in Öl schmecken milder und feiner als die im Salz. Eingesalzene Sardellenfilets muss man in jedem Fall wässern, bevor man sie verwenden kann.

## Zum Gebrauch

Damit Sie Rezepte mit bestimmten Zutaten noch schneller finden können, stehen in diesem Register zusätzlich auch beliebte Zutaten wie **Kräuter** oder **Quark** – ebenfalls alphabetisch geordnet und **halbfett** gedruckt – über den entsprechenden Rezepten.

## Die Autorin

Cornelia Schinharl interessiert sich für alles, was mit Essen und Trinken zu tun hat. Seit über 15 Jahren bringt sie ihren Erfahrungsschatz als freie Food-Journalistin und Kochbuchautorin zu Papier. Ihr Ideenpotential scheint unerschöpflich, auch für diesen Ratgeber hat sie wieder eine Reihe von Kreationen entwickelt, die jeden Gaumen betören werden.

## Der Fotograf

Kai Mewes ist selbständiger Food-Fotograf in München und arbeitet für Verlage und Werbung. Die stimmungsvollen Bilder sind Ausdruck seiner Hingabe, digitale Fotografie, Styling und kulinarischen Genuss zu vereinen. Daniel Petri war für das Foodstyling in diesem Buch zuständig.

## Bildnachweis

Titelbild: Jörn Rynio, Hamburg
Alle anderen: Kai Mewes

Gedruckt auf Primasilk 130 g/qm holzfrei mattgestrichen Bilderdruck, made by StoraEnso, geliefert von der Papier Union.

© 2003 Gräfe und Unzer Verlag GmbH, München

Programmleitung:
Doris Birk
Leitende Redakteurin:
Birgit Rademacker
Redaktion: Stefanie Poziombka
Lektorat, Satz, DTP:
Redaktionbüro
Christina Kempe, München
Layout, Typografie und Umschlaggestaltung:
Independent Medien Design, München
Herstellung:
Helmut Giersberg
Reproduktion:
Repro Ludwig, Zell am See
Druck und Bindung:
Druckhaus Kaufmann, Lahr

ISBN 3-7742-6056-7

| Auflage | 5. | 4. | 3. | 2. |
|---|---|---|---|---|
| Jahr | 2007 | 06 | 05 | 04 |

GRÄFE
UND
UNZER

*Ein Unternehmen der*
GANSKE VERLAGSGRUPPE

## Das Original mit Garantie

Ihre Meinung ist uns wichtig. Deshalb möchten wir Ihre Kritik, gerne aber auch Ihr Lob erfahren. Um als führender Ratgeberverlag für Sie noch besser zu werden. Darum: Schreiben Sie uns! Wir freuen uns auf Ihre Post und wünschen Ihnen viel Spaß mit Ihrem GU-Ratgeber.

Unsere Garantie: Sollte ein GU-Ratgeber einmal einen Fehler enthalten, schicken Sie uns das Buch mit einem kleinen Hinweis und der Quittung innerhalb von sechs Monaten nach dem Kauf zurück. Wir tauschen Ihnen den GU-Ratgeber gegen einen anderen zum gleichen oder ähnlichen Thema um.

Ihr Gräfe und Unzer Verlag
Redaktion Kochen
Postfach 86 03 25
81630 München
Fax: 089/41981-113
e-mail: leserservice@graefe-und-unzer.de

# GU KÜCHENRATGEBER

*Neue Rezepte für den großen Kochspaß*

ISBN 3-7742-4905-9

ISBN 3-7742-6065-6

ISBN 3-7742-4879-6

ISBN 3-7742-4882-6

ISBN 3-7742-4880-X

ISBN 3-7742-5726-4

*64 Seiten, 6,90 € [D]*

*Das macht die GU Küchenratgeber zu etwas Besonderem:*

➤ *Rezepte mit maximal 10 Hauptzutaten*
➤ *Blitzrezepte in jedem Kapitel*
➤ *alle Rezepte getestet*
➤ *Geling-Garantie durch die 10 GU-Erfolgstipps*

Änderungen und Irrtum vorbehalten.

Gutgemacht. Gutgelaunt.

## NÜTZLICHE KÜCHENHELFER

➤ Zum sehr feinen Zerkleinern der Zutaten brauchen Sie einen Mixer oder Pürierstab.

➤ Wer Zwiebeln (oder auch andere Zutaten wie Gemüse oder Nüsse) unkompliziert und fix klein schneiden möchte, sollte sich einen Zwiebelhacker anschaffen.

➤ Kräuter zerkleinern Sie am besten mit einem großen Messer oder Wiegemesser, Gewürze und Samen mit dem Mörser.

# Geling-Garantie für Brotaufstriche

## VORBEREITEN

➤ Die meisten Aufstriche halten sich mehrere Tage, lassen sich also wunderbar vorbereiten. Sind Zwiebel oder Kräuter enthalten, können Sie diese zunächst weglassen und erst kurz vor dem Servieren unter den Aufstrich mischen, dann schmeckt er frischer.

## AUFBEWAHREN

➤ Aufstriche immer gut verschlossen und kühl aufbewahren, am besten in einer Plastikbox mit Deckel im Kühlschrank.

➤ Wie lange ein Aufstrich genießbar bleibt, finden Sie bei jedem Rezept unter dem Punkt Haltbarkeit.

## GARNIEREN

➤ Kräuter, die im Aufstrich enthalten sind, kann man auch zum Garnieren verwenden.

➤ Zwiebelringe oder -würfel, leicht in Paprikapulver gewälzt, passen auf Aufstriche mit rohen Zwiebeln.

➤ Radieschenscheiben, Gurkenfächer oder Cocktailtomaten sehen ebenfalls hübsch aus.